BEI GRIN MACHT SICH IHR WISSEN BEZAHLT

- Wir veröffentlichen Ihre Hausarbeit, Bachelor- und Masterarbeit

- Ihr eigenes eBook und Buch - weltweit in allen wichtigen Shops

- Verdienen Sie an jedem Verkauf

Jetzt bei www.GRIN.com hochladen und kostenlos publizieren

Bibliografische Information der Deutschen Nationalbibliothek:

Die Deutsche Bibliothek verzeichnet diese Publikation in der Deutschen National-
bibliografie; detaillierte bibliografische Daten sind im Internet über http://dnb.d-
nb.de/ abrufbar.

Impressum:

Copyright © 2016 GRIN Verlag, Open Publishing GmbH
Druck und Bindung: Books on Demand GmbH, Norderstedt Germany
ISBN: 9783668476035

Dieses Buch bei GRIN:

http://www.grin.com/de/e-book/370052/trainingsplanung-fuer-ein-gesundheitsori-
entiertes-ausdauertraining

Paul Krieger

Trainingsplanung für ein gesundheitsorientiertes Ausdauertraining

Fitnessökonomie: Trainingslehre II

GRIN Verlag

Deutsche Hochschule für

Prävention und Gesundheitsmanagement

Hermann Neuberger Sportschule 3

66123 Saarbrücken

Einsendeaufgabe

Fachmodul: Trainingslehre II

Studiengang: Fitnessökonomie

Datum
Präsenzphase: 22-06 – 24.06.16

Studienort: **Berlin**

Semester: **SS2015**

Inhaltsverzeichnis

1 Diagnose

1.1 Allgemeine und biometrische Daten

In der folgenden Tabelle sind die allgemeinen und biometrischen Daten von Herrn Normal tabellarisch aufgelistet:

Tab. 1: Allgemeine und biometrische Daten von Otto Normal.

Alter	28
Geschlecht	Männlich
Körpergröße	1,84 m
Körpergewicht	86 kg
BMI	25,4 kg/m²
Taillenumfang	81 cm
Hüftumfang	85 cm
THQ	0,95
Körperfettanteil	18 %
Blutdruck	132/86 mmHg
Ruhepuls	61 S/min
Orthopädische Probleme	Keine
Internistische Probleme	Keine
Ärztliche Behandlung	Keine
Einnahme von Medikamenten	Keine
Sonstige Erkrankungen	Keine
Frühere sportliche Aktivität	2-mal pro Woche 90 min Fußballtraining (Kreisliga)
Aktuelle sportliche Aktivität	Seit 2 Jahren 2-mal pro Woche 60 min Krafttraining (Ganzkörpertraining) und zusätzlich 1-mal die Woche ein moderates Ausdauertraining (30 min Fahrrad fahren).
Beruf	Börsenmakler
Zeitlicher Verfügungsrahmen	Könnte 2-mal pro Woche ein Ausdauertraining machen.

1.2 Leistungsdiagnostik

Aufgrund des guten Gesundheitszustandes und der geringen Trainingserfahrung im Ausdauersport, wurde für Herrn Normal der IPN-Test nach Hollmann-Venrath ausgewählt. Die nachfolgenden Tabellen zeigen den Aufbau und die Testdurchführung des IPN-Tests nach Hollmann-Venrath von Herrn Normal:

Tab. 2: Aufbau des IPN-Tests von Herrn Normal nach Hollmann-Venrath auf dem Fahrradergometer.

Eingangsbelastung	30 Watt
Belastungssteigerung	40 Watt
Stufendauer	3 min
Trittfrequenz	Ca. 60-80 U/min
Pulsobergrenze	145 S/min

Tab. 3: Testdurchführung des IPN-Tests nach Hollmann-Venrath-Test von Herrn Normal.

Stufe	Watt	Hf 1	Hf 2	Hf 3
1	30	101 S/min	104 S/min	110 S/min
2	70	116 S/min	119 S/min	121 S/min
3	110	128 S/min	130 S/min	133 S/min
4	150	139 S/min	143 S/min	146 S/min

Hf = Herzfrequenz

Herr Normal konnte vier Belastungsstufen erfolgreich absolvieren (bis einschließlich 150 Watt). Die zu erreichende Pulsobergrenze (nach IPN) von 145 S/min hat er auf der vierten Belastungsstufe (150 Watt) nach 12 min erreicht. Der Ausdauertest wurde danach beendet. Demnach liegt die Gesamtleistung von Herrn Normal bei 150 Watt. Daraus resultiert sich eine auf das Körpergewicht bezogene relative Wattleistung von 1,74 Watt/kg Körpergewicht ($\frac{150\ Watt}{86\ kg}$). Vergleicht man die erbrachte Leistung von Herrn Normal mit den Vorgaben aus der Norm-Soll-Leistungstabelle 4 für einen 28-Jährigen Mann, so ergibt sich eine unterdurchschnittliche bis schlechte Ausdauerleistungsfähigkeit.

Tab. 4: Normtabelle für submaximale Radergometertests – Relative Watt-Soll-Leistung (Watt pro kg) bei Männern (modifiziert nach Institut für Prävention und Nachsorge, 2004).

Alter / Intensität	< 30	30-34	35-39	40-44	45-49	50-54	55-59	>60	Bewertung
0,50	1,45	1,38	1,31	1,23	1,16	1,09	1,02	0,94	☹☹
0,51	1,50	1,43	1,35	1,28	1,20	1,13	1,05	0,98	☹☹
0,52	1,55	1,47	1,40	1,32	1,24	1,16	1,09	1,01	☹☹
0,53	1,60	1,52	1,44	1,36	1,28	1,20	1,12	1,04	☹☹
0,54	1,65	1,57	1,49	1,40	1,32	1,24	1,16	1,07	☹☹
0,55	1,70	1,62	1,53	1,45	1,36	1,28	1,19	1,11	☹
0,56	1,75	1,66	1,58	1,49	1,40	1,31	1,23	1,14	☹
0,57	1,80	1,71	1,62	1,53	1,44	1,35	1,26	1,17	☹
0,58	1,85	1,76	1,67	1,57	1,48	1,39	1,30	1,20	☹
0,59	1,90	1,81	1,71	1,62	1,52	1,43	1,33	1,24	☹
0,60	2,00	1,90	1,80	1,70	1,60	1,50	1,40	1,30	Ø
0,61	2,20	2,09	1,98	1,87	1,76	1,65	1,54	1,43	Ø
0,62	2,40	2,28	2,16	2,04	1,92	1,80	1,68	1,56	Ø
0,63	2,60	2,47	2,34	2,21	2,08	1,95	1,82	1,69	☺
0,64	2,80	2,66	2,52	2,38	2,24	2,10	1,96	1,82	☺
0,65	3,00	2,85	2,70	2,55	2,40	2,25	2,10	1,95	☺
0,66	3,20	3,04	2,88	2,72	2,56	2,40	2,24	2,08	☺☺
0,67	3,40	3,23	3,06	2,89	2,72	2,55	2,38	2,21	☺☺
0,68	3,60	3,42	3,24	3,06	2,88	2,70	2,52	2,34	☺☺
0,69	3,80	3,61	3,42	3,23	3,04	2,85	2,66	2,47	☺☺
0,70	4,00	3,80	3,60	3,40	3,20	3,00	2,80	2,60	☺☺

Ø = Normwert für eine untrainierte Person nach der Zweidrittel-Leistung (Zweidrittel der zu erbringende relativen Watt-Soll-Leistung des Vita-Maxima-Tests)

Intensität = Intensitätsfaktor zur Berechnung der empfohlenen Trainingsherzfrequenz

1.3 Gesundheits- und Leistungsstatus der Person

In Tabelle 5 werden die allgemeinen und biometrischen Daten von Herrn Normal mit den Normwerten verglichen und anschließend bewertet:

Tab. 5: Ist-Norm-Vergleich von Herrn Normals allgemeinen und biometrischen Daten.

28 Jahre	Ist	Norm	Bewertung
BMI	25,4 kg/m²	24,9 kg/m²	übergewichtig
KFA	18 %	8-20%	normal
THQ	0,95	< 1	birnenförmig
Ruhepuls	61 S/min	60-80 S/min	normal
Blutdruck	132/86 mmHg	> 130-139/85 mmHg	hochnormal
Hollmann-Venrath-Test	1,74 Watt/kg	2,00 Watt/kg	unterdurchschnittlich

Zu den allgemeinen und biometrischen Daten von Tabelle 5 kommt hinzu, dass Herr Normal über viel Stress seitens seines Berufs klagt. Alles in allem geht aus den gesam-

melten Daten hervor, dass Herr Normal, trotz seines Übergewichts und den hochnormalen Blutdruckwerten, gesund, belastbar und trainierbar ist. Die erhöhten BMI-Werte
sind mit der einhergehenden aufgebauten fettfreien Muskelmasse vom Krafttraining zu
erklären.

Tab 6: Beurteilung des Body-Mass-Indexes für Erwachsene (BMI) (World Health Organization, 2000).

Klasse	BMI (kg/m²)
Untergewicht	< 18,5
Normalgewicht	18,5-24,9
Übergewicht	25,0-29,9
Adipositas Grad I	30,0-34,9
Adipositas Grad II	35,0-39,9
Adipositas Grad III	> 40

Tab. 7: Klassifikation des Körperfettanteils (KFA) für erwachsende Frauen und Männer bis 79 Jahre
(Gallagher et. al, 2000).

Alter (Jahre)	KFA Frauen				KFA Männer			
	niedrig	normal	hoch	sehr hoch	niedrig	normal	hoch	sehr hoch
20-39	< 21 %	21-33 %	33-39 %	≥ 39 %	< 8 %	8-20 %	20-25 %	≥ 25 %
40-59	< 23 %	23-34 %	34-40 %	≥ 40 %	< 11 %	11-22 %	22-28 %	≥ 28 %
60-79	< 24 %	24-36%	36-42 %	≥ 42 %	< 13 %	13-25 %	25-30 %	≥ 30 %

Tab. 8: Beurteilung des Taillen-Hüft-Quotienten (International Task Force for Prevention of Coronary
Heart Disease., 1998; Wechsler, Schusdziarra, Hauner & Gries, 1996).

Männer	Frauen	Bewertung
THQ > 1	THQ > 0,85	apfelförmige Körperfettverteilung
THQ < 1	THQ < 0,85	birnenförmige Körperfettverteilung

Tab. 9: Blutdruckklassifikation der American Heart Association.

Wertung	Systolischer Blutdruck	Diastolischer Blutdruck
Normblutdruck (Normotonie)		
Optimal	unter 120 mmHg	unter 80 mmHg
Normal	unter 130 mmHg	unter 85 mmHg
Hochnormal	130-139 mmHg	85-89 mmHg
Bluthochdruck (arterielle Hypertonie)		
Stufe 1	140-159 mmHg	90-99 mmHg
Stufe 2	160-179 mmHg	100-109 mmHg
Stufe 3	> 180 mmHg	> 110 mmHg

2 Zielsetzung/Prognose

In der nachfolgenden Tabelle werden die Ziele für Herrn Normal in Abhängigkeit von Ausmaß und Zeit definiert:

Tab. 10: Zielsetzungen von Herrn Normal.

Inhalt	Ausmaß	Zeit
Senkung des Blutdrucks	132/86 mmHg → mind. 130/85 mmHg	In 3 Monaten
Senkung des Stresslevels	4 → 2	In 2 Monaten
Steigerung seiner Ausdauerleistung	1,74 Watt/kg → 2,00 Watt/kg	In 3 Monaten

In der nachfolgenden Tabelle hat sich Herr Normal in die 4. Stufe eingeordnet. Herr Normal führt als Börsenmakler ein sehr stressreiches Arbeitsleben. Daher versuchen wir den Stress mit dem Ausdauertraining zu reduzieren, damit Herr Normal motivierter und besser arbeiten kann.

Tab. 11: Skala zur subjektiven Einschätzung des Stressniveaus.

1	2	3	4
Nicht gestresst	Etwas gestresst	gestresst	Sehr gestresst

Da Herr Normal einen hochnormalen Blutdruck hat, versuchen wir den Blutdruck auf die Normwerte (unter 130/85 mmHg) zu bringen, damit er kein Risiko hat eine Hypertonie Stufe 1 aufzubauen. Um die vorherigen Zielsetzungen zu sichern, streben wir eine Steigerung seiner Ausdauerleistung (von 1,74 Watt/kg zu 2,00 Watt/kg) an, die eine Verbesserung seiner Herz-Kreislauffunktion mit sich bringt.

3 Trainingsplanung Mesozyklus

3.1 Grobplanung Mesozyklus

Tabelle 12 stellt die Grobplanung für Herrn Normals Ausdauertraining dar.

Tab. 12: Grobplanung des Mesozyklus für Herrn Normal.

Mesozyklus	
Dauer	6 Wochen
Trainingsziel	Entwicklung der Grundlagenausdauer
	Ausdauertest: 2,0 Watt/kg (Norm)
	Einweisung Crosstrainer
Belastungsumfang/Woche	1-1,5 Stunden
Trainingsmethode	Extensive Dauermethode
Trainingsintensität	65-70 % Hfmax (Rad)
	60-65 % Hfmax (Crosstrainer)
Trainingshäufigkeit	2-mal
Dauer pro TE	30-45 min (Rad)
	15-30 min (Crosstrainer)
Trainingsgerät	Fahrrad/Radergometer, Crosstrainer

3.2 Detailplanung Mesozyklus

In der nachfolgenden Tabelle wird der Mesozyklus expliziter dargestellt. In der detaillierten Darstellung des Mesozyklus kommt die Trainingsherzfrequenz als Parameter hinzu, welche man individuell berechnen muss.

Berechnung der Trainingsherzfrequenz nach der ACSM-Formel (American College of Sports Medicine (ACSM), 2006a, S. 341):

$$Thf = Hfmax \times Intensität\ in\ \%$$

Trainingsherzfrequenz für das/den Fahrrad/Radergometer:

Untere Grenze: $(200 - 28) \times 0,65 = 112\ S/min$

Obere Grenze: $(200 - 28) \times 0,70 = 120\ S/min$

Zu erwähnen ist, dass bei der maximalen Herzfrequenz für das Fahrrad die 200 als Parameter gewählt wurde. Der Grund hierfür liegt an der geringeren Anzahl an dynamisch aktiven Muskelgruppen, als z. B. beim Laufen oder beim Crosstrainer.

Trainingsherzfrequenz für den Crosstrainer:

Untere Grenze: $(220 - 28) \times 0,60 = 115\ S/min$

Obere Grenze: $(220 - 28) \times 0,65 = 125\ S/min$

Tab. 13: Detailplanung des Mesozyklus für Herrn Normal.

Woche 1	Mo	Fr	Woche 3	Mo	Fr
Trainingsziel	GA1	GA1	Trainingsziel	GA1	GA1
Tr.-Methode	Exten DM	Exten DM	Tr.-Methode	Exten DM	Exten DM
Tr.-Intensität	65-70% Hf_{max}	60-65% Hf_{max}	Tr.-Intensität	65-70% Hf_{max}	60-65% Hf_{max}
THf nach ACSM	112-120 S/min	115-125 S/min	THf nach ACSM	112-120 S/min	115-125 S/min
Tr.-Dauer	30 min	15 min	Tr.-Dauer	36 min	21 min
Tr.-Gerät	Fahrrad	Crosstrainer	Tr.-Gerät	Fahrrad	Crosstrainer
Woche 2	Mo	Fr	Woche 4	Mo	Fr
Trainingsziel	GA1	GA1	Trainingsziel	GA1	GA1
Tr.-Methode	Exten DM	Exten DM	Tr.-Methode	Exten DM	Exten DM
Tr.-Intensität	65-70% Hf_{max}	60-65% Hf_{max}	Tr.-Intensität	65-70% Hf_{max}	60-65% Hf_{max}
THf nach ACSM	112-120 S/min	115-125 S/min	THf nach ACSM	112-120 S/min	115-125 S/min
Tr.-Dauer	33 min	18 min	Tr.-Dauer	39 min	24 min
Tr.-Gerät	Fahrrad	Crosstrainer	Tr.-Gerät	Fahrrad	Crosstrainer

Woche 5	Mo	Fr
Trainingsziel	GA1	GA1
Tr.-Methode	Exten DM	Exten DM
Tr.-Intensität	65-70% Hf_{max}	60-65% Hf_{max}
THf nach ACSM	112-120 S/min	115-125 S/min
Tr.-Dauer	42 min	27 min
Tr.-Gerät	Fahrrad	Crosstrainer
Woche 6	Mo	Fr
Trainingsziel	GA1	GA1
Tr.-Methode	Exten DM	Exten DM
Tr.-Intensität	65-70% Hf_{max}	60-65% Hf_{max}
THf nach ACSM	112-120 S/min	115-125 S/min
Tr.-Dauer	45 min	30 min
Tr.-Gerät	Fahrrad	Crosstrainer

Tr.	=	Training
GA	=	Grundlagenausdauer
Exten	=	Extensive
DM	=	Dauermethode
Mo	=	Montag
Fr	=	Freitag
THf	=	Trainingsherzfrequenz
ACSM	=	American College of Sports Medicine

3.3 Begründung zum Mesozyklus

3.3.1 Begründung zum angestrebten wöchentlichen Belastungsumfang

Der wöchentliche Belastungsumfang liegt der Trainingserfahrung (einmal die Woche 30 min Fahrrad fahren) und der zeitlichen Verfügbarkeit (hätte zweimal die Woche Zeit für ein Ausdauertraining) von Herrn Normal zu Grunde. Nach Vollendung des Mesozyklus hat Herr Normal einen wöchentlichen Belastungsumfang von 75 min, was ein wenig mehr ist, als Zintl und Eisenhut (2001, S.137) in ihrem Minimal-Programm für das

9

Ausdauertraining zur Verbesserung der Gesundheit empfehlen (ca. 60 min). Da das Minimal-Programm mit seinen geringen Anforderungen bei Herrn Normal im Idealfall nur 600-700 kcal die Woche verbraucht und somit zu eingeschränkt präventiven Verbesserungen der Gesundheit führt, ist für den nächsten Mesozyklus ein wöchentlicher Belastungsumfang von ca. 150 Minuten und ein Kilokalorienverbauch von 2000 geplant. Laut der WHO (2010, S.8) führt ein 150 minütiges, moderates Ausdauertraining zur vollständigen Verbesserung der Gesundheit.

3.3.2 Begründung zu den ausgewählten Trainingsmethoden

Für Herrn Normal wurde die extensive Dauermethode ausgewählt. Die Begründung hierfür liegt in seiner Trainingserfahrung und seiner subjektiven Selbsteinschätzung seines Stresslevels als Börsenmakler (Vgl. Tab. 11). Die Trainingsziele der extensiven Dauermethode nach Hottenrott (2006) können unter anderem die Gesundheit fördern, Stress abbauen und eine durchschnittliche Grundlagenausdauer aufbauen, welche identisch sind mit den Trainingszielen von Herrn Normal.

3.3.3 Begründung zur Belastungsprogression

Die Belastungsprogression erklärt sich mit dem Prinzip der progressiven Belastungssteigerung – Häufigkeit vor Umfang vor Intensität, was auch von der WHO (2010, S. 24) so empfohlen wird. Somit haben wir erst einmal in diesem Mesozyklus die Häufigkeit von einem Trainingstag auf zwei Trainingstage gesteigert. Da Herr Normal nur zwei Tage zur Verfügung hat um ein Ausdauertraining zu machen, mussten wir auf den nächsten Parameter (Umfang) des Prinzips umsteigen, den wir wöchentlich um etwa 10-15 % (3 min) gesteigert haben.

3.3.4 Begründung zu den angesteuerten Trainingsbereichen

Im Vergleich zum Belastungsumfang blieb die Belastungsintensität von Woche zu Woche gleich und wurde mit mindestens 60 % Hf_{max} so gewählt, dass sie bei untrainierten bzw. normal leistungsfähigen Personen zu einer Auslösung von Anpassungserscheinungen seitens des Herz-Kreislauf-Systems führt (American College of Sports Medicine (ACSM), 2006b). Die Obergrenze wurde mit 70 % Hf_{max} so gewählt, dass wir den überschwelligen Trainingsreiz sichern und Herrn Normal nicht zu viel Stress aussetzen, um das gewünschte Trainingsziel (Stressabbau) nicht zu gefährden.

10

3.3.5 Begründung der ausgewählten Ausdauergeräte bzw. Bewegungsformen

Von allen Ausdauergeräten findet Herr Normal das Fahrrad bzw. den Radergometer am besten, weswegen er schon vor dem Mesozyklus freizeitlich mit dem Fahrrad aktiv war. Aus diesem Grund bleibt eine Trainingseinheit mit dem Fahrrad bzw. dem Radergometer im Mesozyklus bestehen. Ganz nach dem Prinzip der variierenden Belastung wurde für Herrn Normal in der zweiten Trainingseinheit der Crosstrainer zugeteilt. Dies hat folgende Gründe: Wechsel von seinen sitzenden (Börsenmarkler und Fahrrad fahren) zu einer dynamisch aufgerichteten Tätigkeit (Crosstrainer mit Armeinsatz), bessere cardiopumonale Ausbelastung gegenüber dem Fahrradfahren (sichert die Trainingsziele) und Aufrechterhaltung seines intrinsischen Modus durch den Spaß am Sporttreiben (Göhner & Fuchs, 2007, S11).

4 Literaturrecherche

Tab. 14: Zwei Studien über die Effekte des Ausdauertrainings bei Diabetes Mellitus Typ-2

	1. Studie	2. Studie
Titel	Effects of a regular walking exercise program on behavioral and biochemical aspects in eldery people with type II diabetes.	Low-Volume High-Interval Training as a Therapy for Type 2 Diabetes.
Autor	Sung, K., Bae, S.	Alvarez, C., Ramirez-Campillo, R., Mancilla, R., Flores-Opazo, M., Cano-Montoya, J., Ciolac, E. G.
Jahr der Publikation	2012	2016
Versuchspersonen	Ältere Personen mit Diabetes Mellitus Typ 2.	Viel sitzende, übergewichtige Frauen mit Diabetes Mellitus Typ 2 (Alter = 44,5 ± 1,8 Jahre; BMI = 30,5 ± 0,6 kg/m²).

Versuchsaufbau	Randomisierte Studie mit zwei Gruppen. Die erste Gruppe musste ein 6 monatiges Gehprogramm (dreimal die Woche für 50 min) und ein 4 wöchiges Bildungsprogram für eine Diät und zur Prävention möglicher Komplikationen (einmal wöchentlich für 20 min) absolvieren. Die zweite Gruppe diente als Kontrollgruppe und musste kein Programm absolvieren. Beide Gruppen wurden nach 3 und 6 Monaten auf ihr Verhalten (tägliche körperliche Aktivität, körperliche Stärke, Energieverbrauch) und ihre biochemischen Prozesse (Nüchternblutzucker [FBG], Glykohämoglobin [HbA1c], Gesamtcholesterin, Triglyceride [TG], LDL-Cholesterin, HDL-Cholesterin) untersucht.	Randomisierte Studie, in der eine Gruppe (n=13) ein dreiwöchiges laufbasierendes HIT Programm absolvieren musste und eine andere Gruppe, die ohne Ausdauertraining als Vergleichsgruppe diente. In beiden Gruppen wurden vor und nach dem Versuch (16 Wochen) eine Kontrolle der Blutzucker- und Blutfettwerte, des Blutdrucks, der Ausdauerleistung, der Anthropometrie und der Einnahme von Medizin angeordnet.
Ergebnisse	Das regelmäßige Gehprogramm erhöhte effektiv die körperliche Aktivität, die körperliche Stärke und den Energieverbrauch (Verhaltensaspekte). Ebenso verringerte das Gehprogramm den FBG, das HbA1c und die TG-Spiegel (biochemische Aspekte).	In der HIT-Gruppe gab es Verbesserungen ($P<0,05$) bei der Nüchternglukose (14,3 ± 1,4 %), des HbA1c (12,8 ± 1,1 %), dem systolischen Blutdruck (3,7 ± 0,5 mmHg), dem HDL-Cholesterin (21,1 ± 2,8 %), den Trigliceriden (17,7 ± 2,8 %), der Ausdauerleistung (9,8 ± 1,0 %), dem BMI (2,1 ± 0,3 %), dem Taillenumfang (4,0 ± 0,5 %) und des subkutanen Fettgewebes (18,6 ± 1,4 %). Die HIT-Gruppe wies ebenfalls eine Senkung der täglichen Einnahme von blutzucker- und blutdrucksenkenden Medikamenten während der Nachkontrolle auf. Die Verbesserungen der HIT-Gruppe traten mit einem wöchentlichen Zeitaufwand auf, die 56-25% geringer ist als aktuelle Richtlinien empfehlen. In der Vergleichsgruppe kam es zu keinen Veränderungen in irgendeinem Parameter.
Schlussfolgerung	Das Vorkommen von Diabetes mellitus Typ 2 Komplikationen kann durch ein integriertes regelmäßiges Gehtraining reduziert werden.	Diese Ergebnisse zeigen, dass Low-Volume-HIT Training eine zeiteffiziente Lösung zur Behandlung von Diabetes Mellitus Typ 2 ist.

5   Literaturverzeichnis

Alvarez, C., Ramirez-Campillo, R., Martinez-Salazar, C., Macilla, R., Flores-Opazo, M., Cano-Montoya, J., Ciolac, E., G. (2016). *Low-Volume High-Intensity Interval Training as a Therapy for Type 2 Diabetes.* Zugriff am 03.07.2016. Verfügbar unter http://www.ncbi.nlm.nih.gov/pubmed/27259099

American College of Sports Medicine (ACSM). (2006a). *Resource Manual for Guidelines for Exercise Testing and Prescription (5. ed.).* Philadelphia: Lippincott Williams & Wilkins.

American College of Sports Medicine (ACSM). (2006b). *ACSM's Guidelines for Exercise Testing and Presciption (7. ed.).* Philadelphia: Lippincott Williams & Wilkins.

Gallagher, D., Heymsfield, S. B., Heo, M., Jebb, S. A., Murgatroyd, P. R. & Sakamoto, Y. (2000). Healthy percentage body fat ranges: an approach for developing guidelines based on body mass index. *American Journal of Clinical Nutrition, 72* (3), 694-701.

Göhner, W. & Fuchs, R. (2007). *Änderung des Gesundheitsverhaltens. MoVo Gruppenprogramme für körperliche Aktivität und gesunde Ernährung.* Göttingen: Hogrefe.

Hottenrott, K. (2006). *Trainingskontrolle mit Herzfrequenz-Messgeräten.* Aachen: Meyer & Meyer.

Institut für Prävention und Nachsorge (IPN). (2004). *IPN-Test® – Ausdauertest für den Gesundheitssport.* Köln: Institut für Prävention und Nachsorge.

International Task Force for Prevention of Coronary Heart Disease. (1998). Coronary Heart Disease: Reducing the Risk. The scientific background for primary and secondary prevention of coronary heart disease. *Nutrition, Metabolism and Cardiovascular Diseases-Journal, 8,* 205-271.

Sung, K., Bae, S. (2012). *Effects of a regular walking exercise program on behavioral and biochemical aspects in eldery people with typ II diabetes.* Zugriff am 03.07.2016. Verfügbar unter http://www.ncbi.nlm.nih.gov/pubmed/22676205

Wechsler, J. G., Schusdziarra, V., Hauner, H. & Gries, F. A. (1996) Therapie der Adipositas. *Deutsches Ärzteblatt, 93,* A2214-A2218.

World Health Organization. (2000). *Obesity: Preventing an Managing the Global Epidemic – Report of a WHO Consultation.* Zugriff am 07.06.2016. Verfügbar unter http://www.lob.de/cgi-bin/work/suche2?titnr=210481803&flag=citavi

World Health Organization. (2010). *Global recommendations on physical activity for health.* Geneva.

Zintl, F. & Eisenhut, A. (2001). Ausdauertraining. Grundlagen – Methoden – Trainings-steuerung (5. Aufl.). München: BLV Sportwissen.

6   Tabellenverzeichnis